U0149285

海　韻

藍 雲 著

文史哲詩叢
文史哲出版社印行

國家圖書館出版品預行編目資料

海韻 / 藍雲著, -- 修訂再版 -- 臺北市：文史哲, 民 101.05
頁; 公分（文史哲詩叢；106）
ISBN 978-986-314-032-0（平裝）

851.486　　101010116

文史哲詩叢 106

海韻

著者：藍雲
出版者：文史哲出版社
http:// www.lapen.com.tw
e-mail：lapen@ms74.hinet.net
登記證字號：行政院新聞局版臺業字五三三七號
發行人：彭正雄
發行所：文史哲出版社
印刷者：文史哲出版社
臺北市羅斯福路一段七十二巷四號
郵政劃撥帳號：一六一八〇一七五
電話886-2-23511028 · 傳真886-2-23965656

定價新臺幣三〇〇元

中華民國七十九年（2008）五月初版
中華民國一〇一年（2012）五月修訂再版

著財權所有 · 侵權者必究

ISBN 978-986-314-032-0　009106

再版的話

人，真矛盾。明知萬事皆空，卻總想留下一點什麼。寫詩的人，尤其如此。既知自己寫的詩，沒有人讀，卻還是要寫，並且還印了出來；即便被視為出版界的毒藥，最冷門的冷門貨。

《海韻》是我在二十多年前出版的第二本詩集。當時印了多少本，已不復記得；有多少人讀過，更非我所知（雖然在無意中得悉，曾被台北市教育局列為國中、小學生的課外讀物，有一篇被收錄在《臺港澳暨海外華文新詩大辭典》中）。而當初出版這本集子的出版社，因其負責人過世，業已不知去向。也許是敝帚自珍，最近從書櫃裡把它找了出來翻閱時，覺得當初印得太粗糙（有的題目都印錯，而是加以改貼上去的）。於是，便有了將它重印的念頭。

我之所以決定重印這本集子，絕非因為其中有什麼值得一讀的作品，只是希望保存一個比較像樣的版本而已。至於有沒有人讀，並非我所計及。

寫詩，曾是我寤寐以求的迷戀。雖然我自知謭陋，未敢侈言以寫詩為我一生的志業，卻是我在現實生活中，以之自娛的主要方式。唯因限於才具，寫的並不多。自開始學習塗鴉，迄今已閱半世紀，前後不過出版了薄薄的幾本集子，談不上有何成就與價值。只能說是雪泥鴻爪，在我人生的旅程中，留下一點路過的痕跡罷了。

文史哲出版社的發行人彭正雄先生，是一位輕財重義之士。當今很少出版社會樂意出版沒有銷路的詩集，而他卻十分慷慨地幫助了不少寫詩的朋友出書。這種古道熱腸，著實令人感佩。我有好幾本詩集，都是承蒙他出版發行。這本小書的重新面世，依然由他為我作嫁，感激之情，自然不在話下。

藍　雲　二〇一二年二月廿二日於板橋

前言

最近，我忽然想起一個早就應該想到，卻不曾想過的問題：我為什麼會走上寫詩這條路？既而又想到：如果我不寫詩，我會是一個什麼樣子的人？

我想：我之所以會走上寫詩這條路，當初，也許只是一時興之所至，就如我在郊野漫步時，無意走到了一條引人入勝的幽徑，結果，走著走著，竟忘記了路之遠近。雖然我走在這路上不少年了，然而，由於我的駑鈍與疏懶，卻一無成就可言。不過，或許是時間久了，竟也對繆斯產生了某種情結；現在，如果要我絕裾而去，還真有點難以割捨哩！過去，我雖曾一度欲將自己放逐於詩國之外，但我畢竟還是無法忘情於詩，依然停停寫寫，寫寫停停地維持了與詩的「藕斷絲連」。以一個對詩的追求者而言，我也許談不上「忠心耿耿」，但就詩對我來說，的確給了我不少的慰藉，已然成了我生活中的最大精神支柱。我想：如果我不寫詩，一定不會是現在這個樣子——也許在我面對現實生活的種種缺憾時，我會過得非常痛苦；也許我會因為生活的空虛，而像某些人一樣去汲汲營營於所謂的功名利祿；或耽溺於聲色犬馬之中。如果要問我走在寫詩這條道路上有什麼益處？我認為最大的益處是：讓我對人生以及這世界有了比較深刻的認識，保持了較高程度的清醒，而得以自一些塵俗的羈縻中超脫出來。

在今天這個時代，寫詩毋寧是一種自虐的行為，也可說是一種奢侈的享受。雖然目前這個社會，尚未至如柏拉圖的「共和國」中所倡議的，不容許詩人存在，但當人們孳孳於功利的追求，當科技至上的口號響徹雲霄，世人對詩似乎日趨陌生，甚或不屑一顧時，而竟還有人嘔心瀝血於詩的創作，寧非自虐而何？不過，從另一面來看，當人類的心靈正被工業文明所荼毒，一般人迷失於物慾的追逐，喘息於性靈的枯竭之際，能讓自己從現實的桎梏中解脫，馳騁於詩的草原，掬飲些許靈泉，並體味出創作的喜悅，何嘗不是一種難得的享受。而自來寫詩的人，大都有其超脫的胸襟，且或帶點兒狂狷的行徑，並不願意自己如同那些什麼星之類的，期望活在人們的掌聲裏，故能自甘寂寞，樂於黯淡自處。因此，不論任何時代，也無論人們對詩人的看法如何，詩，總是會有人寫的，甚至有人樂此不疲，也就並非不可以理解了。

做為一個詩的愛好者，我雖然初衷未改，但卻不是一個能寫得好詩的人。因為要詩寫得好，除非天才（我自知絕非天才），必須具備相當的功力。而我窮雖窮矣，卻不是一個怎麼用功的人。我之寫詩，主要的是為了自娛——以此排遣生活的苦悶，填補心靈的空虛。既然是為了自娛，就不願太自苦。因而我很少為了「吟妥一個字，撚斷數莖鬚」地來苦苦推敲過；也因此，我的作品大都顯得很粗糙，談不上精雕細琢。當然，除了自娛以外，有時，我也會基於人生的責任感，就其對現實生活的反映，表達我的關注，希望我所寫的詩，也能略具一點社會性的功能，而不致僅僅流於文字的遊戲，或個人的夢囈。

自從寫詩以來，才不過出版了薄薄的兩册集子，實在顯得很寒酸。現在我把過去所寫而尚未結集的這些作品整理出版，只是為了在寫詩的路上留下一點紀念而已（或者說是便於將這些散置的作品收存起來罷了），不敢侈言有什麼價值。這些作品，有的是最近完成的，也有寫於二十多年前，甚至還有一篇是寫於三十多年前的（即第一輯中的第一篇「復活之歌」，最近才從一本舊雜誌中找到。這雖是我早年的一篇少作，極其稚嫩，為了敝帚自珍，決定收在這集子裏。而這首詩還不算是我最早的作品，因我發表的第一首詩，連題目都已忘記（寫的大概是對一位摩登女郎的諷諭），更不用說日期，根本無從去找了，只記得是發表在青年日報的前身——青年戰士報上，當時領了大約相當於一個上等兵半個月新水的稿費）。因為這些作品的時距相當長，其所呈現的風貌，自然不盡一致。就他人而言，後期作品，可能要比早期的成熟，但我卻沒有這種自信。我不以為我現在寫的就好（當然，我也不會認為我過去寫的好）。說實在的，我從來不曾滿意過自己的作品。可是，我也不能因為自己是個醜媳婦，就怕見公婆。我之所以不揣鄙陋，讓這些作品問世，除了給自己留作紀念外，也希望能獲得各位讀者及詩壇先進們的指正與教益。

我過去寫詩，往往是隨興之所至，故發表時，所用筆名不一。收在這集子裏的作品，大部分以藍雲的筆名發表，也有以揚子江筆名發表的，如：「復活的歌」、「印象」、「死・不朽的神」、「早晨與黃昏」等；以鍾欽筆名發表的，則有「鐵軌與蝴蝶」、「永恆的鈴鐺」、「地圖」、「鹽田即景」、「礦場一角」等；而「自繪像」一詩，係以本名發表。現在一律將其歸於藍雲的名下。至於書名之取用「海韻」，並非此詩為這集子中的代表作，也不是我特別鍾愛此詩，祇是因為我喜歡「海韻」這兩個字而已。而這集子裏的作品，以其內容紛雜，未就系列分輯，僅依其成稿先後，大略分成兩輯：第一輯為一九八〇年以前的作品，除「復活的歌」一詩外，悉為處女詩集「萌芽集」（一九六二年）出版後所寫者；第二輯則係一九八三年以後至最近之作品，除少數幾篇外，大都完成於第二本詩集「奇蹟」（一九八四年）出版以後者。如此編排，一方面可便於檢視自己一路行來的軌跡；同時也可由此衡諸前後期的作品究竟有無殊異處？並希望自其中找出有沒有值得我執意經營的？那些是我應該揚棄的？以做我今後創作時的參考——倘若我還想在這條路上繼續往前走的話。

一九九〇年四月廿一日於台北・板橋

海韻 目次

第二輯 海韻

第一輯　忘憂草

我們的心是一片綠色的草原
當詩神漫步其間
遂如春臨大地
乃有愛者撫以柔荑的感覺，而陶然……

復活的歌

溫和的東風使者
喚醒了沉睡的大地
寂寞荒涼的山坡
揚起了綠色的旗

枯萎的發了芽
凋謝的又新生
一切都在歡欣鼓舞
迎接新日子的來臨

於是，我驀然醒來

將滿身的創傷抖落
向着充滿生氣的遠天
唱出復活的歌

——一九五六、一、埔里

飲者之歌

不飲啤酒、高粱
飲於藍藍的空曠
飲一片宜人的風光
使我欲醉

飲於你的眸子——
那深深的酒杯
盛滿愛琴海的水
啊！盪漾着，盪漾着
維娜斯正舞於其中
於是，我飲着，飲着

瘋狂而又斯文地飲着
飲着你無盡的情意
比酒還美，比花更香

日日夜夜我飲着
飲於一無邊的夢
夢中有神奇的音樂
夢裡無風波

我飲着，不在酒肆
我飲着，不帶酒樽
飲於高山之流泉
飲於林間之清風
無人對飲，無人和歌

我寂寞地坐於此
淺淺地飲着
深深地飲着
飲着永遠不醉的酒
唱着無人唱過的歌

——一九六二、五、石牌

忘憂草

我們的臉是永遠微笑的藍天
憂鬱是雲，存在於瞬息之間
縱有落雨的日子
而陽光照着，晴朗依然

我們的心是一片綠色的草原
當詩神漫步其間
遂如春臨大地
乃有愛者撫以柔美的感覺，而陶然……

——一九六二、五、石牌

約會

我總覺得有誰在等我
可是，我却不知道他在那裡
因此，我常徘徊於此
去了又來
來了又去

也許我倦了
一天，我竟倒在地上
這時有一個影子走來
悄悄俯在我的耳畔低語
「我所要等的就是你！」

——一九六二、五、石牌

幻想進行曲

——給蕭邦

你不是一抒情詩人
而是那神奇的魔術師
在你的旋律裡
我被分解，我被變形

現實曾將我冰凍
我如一木仍伊
不知道沉睡了幾千年
是你將我喚醒
於是，我霍地驚起

遂覺有火在身上燃燒
如星體之急速旋轉
血在我的體內奔騰
我想奪門而出，一窺你的形影
而你不在
祇留下一片朦朧的月色
一片茫然……

於是，我發現自己如一白兎
兩足在不停地跑着
急急地，向前跑着
却不知道在找尋什麼

忽而，我成了一隻小鳥

悠然飛翔於蓊鬱的林間
欣賞那無限美妙的田園
忘記了此處是否有獵人
忘記了我是否要飛得更遠

經過漫長的跋涉
我是一孤獨的旅人
走出那幽暗的隧道
來在這洶湧的海濱
此去何處？
我忽然有着迷失的悽惶
於是，我不禁狂呼着
蕭邦！蕭邦！你在那裡
我願跟隨你去把那永恆尋覓

——一九六二、九、石牌

對月

面對你如一圞鏡
卻照不見我的容貌
你繪我的影子於地上
而我的影子
時而短短地
時而長　長　地
一如我的夢
有時濃濃的
有時淡　淡　的
我不知道該走向那裡
不知道該怎樣來認識自己

而我問你，你不語
你的眼睛永遠是那麼神秘
令我沉醉，令我癡迷

——一九六二、七、石牌

走在細雨霏霏中

走在細雨霏霏中
織一縷銀紗似的夢
輕輕地，如羣星在天空閃爍
嬝嬝地，似一樹梨花自落
落在我髮上，接於我掌中

我是一落葉喬木
被植於荒涼的沙漠
是你裝飾了我的孤寂
以你的微笑，以你的蜜語

我常沉醉於一個遙遠的夢中
當我游向你那頻頻流轉的眼波
聽你輕輕地呼喚我的名字
於是，走出了囚禁我的幽室
走在細雨霏霏中
任你將我擁抱
任你來吻我

而你溫柔如許，動人如許
是午夜時分的薄霧
金色朝陽下的花蕊
你以神秘誘我
要我投入你的懷中
而我欣然於你之約會

忘記了我曾有的羞怯

於是，你揮動長長的纖指
有音樂自大地的琴鍵響起
這是一首美妙的戀之進行曲
唯你與我最能領略其中的奧義

於是，我們就這樣依偎地走着
走過了山嶺　草原
走過了海洋　大地
走到一個無人知道的地方
我們就在那煙水朦朧中隱去

——一九六二、九、石牌

哀歌

當你去時
日蝕。月暈
頓覺天的重量壓向我
地在急速潰崩

不見了所有的綠色
失去了所有的鳥聲
大地於一夜蒼老
一切於我都已陌生

啊！我的血液凝結

我的血液流盡
誰是昨日的我
誰是我昨日夢裡的人

——一九六二、九、石牌

自繪像

一座泰山
七個海洋
一切源於此，復歸於此
我是一株常綠的樹

兩翼已硬化
猶作鳶飛之遐想
或睡或醒
自由被典押於生活
非鬼非神

乃有四顧茫然的感覺
背後是一喧騰的世界
俯視脚前，如許淒涼
遂以兩眼凝注遠方
遙見微黯中有一影子走來
寂寞中有聲音在呼喚

——一九六二、十一、石牌

子夜吟

萬物入睡，而我醒來
在此子夜時分

子夜是一個母親
孕育着黑暗與黎明
孕育着歡樂與悲辛
一切在這裡結束
一切在這裡開始
在這子夜的驛站裡
多少人來臨
多少人離去

而子夜潮漲
夢正氾濫
誰是不醉的飲者
誰從夢裡醒來
醒來，像我此時一樣
看夜霧迷茫復開
大海潮退
那曾經炫目的，已經隨潮而去
那不曾發覺的，現在顯露在地面

子夜是一盞明燈
照着那些太陽不曾照見的靈魂
照着那些死了許久而復甦過來的生命
有人歡笑於白晝

現在偷偷地在流淚
有人曾經自得於計逞
現在痛心疾首在懺悔
看哪！在這子夜的教堂裡
多少人在默默地獻祭、領罪

離開了那喧鬧的劇院
來在這靜靜的博物館
我翻閱歷史，細讀現代
何處是秦廷？何處是漢宮
在這子夜的曠野裡
竟是一片荒草凄凄
啊！千年後的世界
是否也會寂寂如此時

如此時坟塋裡的一切帝王與將軍

萬物入睡，而我醒來
在此子夜時分
我探索復探索
昨日如何死去？明日如何誕生
我在等待門開時
那持着火炬的使者走來
引我走入一個新的世界
走向永恆

——一九六二、十二、石牌

藍色的歌

我是一個喜歡藍色的人
因為我是一個藍色的生命

我曾經嚮往綠草如茵
我歌着，舞着
世界於我是永遠的春天
但那祇是當我還在夢裡
還是一個小孩子
一天，當我醒來
發覺春天原來長有翅膀，已經飛去
環顧四野蒼茫，竟是一地針氈

而我就在此時，將小孩子時的我失去
憂鬱滲和着龍膽紫
注入了我的體內，我的血液
綠色的心靈不再是綠色
所有的希望與歡笑都向我告別

於是，離開了我曾有的愛戀與夢
我開始了另一個旅程
　沒有港灣，祇見風浪
　沒有康莊，祇見坷坎
世界於我是一條永遠走不完的路
不分日和夜，不論雨和晴
我是這路上永遠走着不停的人
走過了許多的泥沼，許多的陷阱

走過了無數的險機，無數的曲徑
我的脚是多麼疲憊啊
可是，那裡是我落脚的地方？
那裡有我所要進去的門？

我知道路很長，我還要走很遠
但我不曾向誰訴說我跋涉的艱辛
衹把我的歌唱給我自己聽
我願是依偎在藍天的白雲
若我仍有憂愁如緜，壘塊如山
我就學作一名浪子去飄流
不再尋覓，無須方向
衹要能把我心中的積鬱遣散

啊！是的，我在這地上沒有戀棧
我是流雲一片，嚮往藍天
而藍天不是虛無，藍色不是灰色
我是一個藍色的生命，且唱藍色的歌

——一九六二、十二、石牌

夢

穿着一襲綠色衣裙的少女
翩翩地來在我的窗前
欲語還休，眸子燦然
是她無意的造訪？
抑或在向我呼喚？
哦，我不知道，不知道
祇是木然而立，久久地
望着伊愀然離去

一夕，漫步月色迷茫的林中
有一影子在我的前面移動

我覺得似曾相識
不禁喊着，喜極地
「哦！請稍停
美麗而又神秘的女神！」
可是，當我走向前去
却已不見她的踪跡

於是，我忽然迷失
迷失於一難解的謎
我不懂她為何來在我的窗前？
又在我的面前遁去？
而現在，我却為她成了一個流浪的人
經過無數的歲月，跋涉無數的山川
尋覓復尋覓，祇為再見

那曾來在我的窗前
穿着一襲綠色衣裙的少女

——一九六三、三、石牌

時間

我們舞着，舞在時間的邊緣
陪她跳探戈，跳華爾茲

而我們有着太多的昨日
　明日永遠是負數
永遠在未知的假設裡
　我們都想擁抱明日

都想踩住自己的影子
　而明日總是兎脫
總是跑在我們的前面
　最精明的獵手也獵不到的——

我們舞着，舞在時間的邊緣
陪她跳探戈，跳華爾茲

——一九六三、三、石牌

花落時節

度過了一段假期的春
已經歸去，當他興盡
而羣花神傷，黯然欲泣
而在這一期風景的季刊上
報導了一幕集體的殉情
為着她們共同愛過的戀人

於是，不再看見那些嬌美的笑顏
不再聽見鶯燕的歌聲
大地在喟嘆：
多寂寞的時辰啊

際此曲終人散

——一九六三、三、石牌

當你淚盡時

當你淚盡時，你就仰天長嘯吧
不要作沉默的咽泣
每一滴眼淚是一粒種子，一柱火光
撒在受難的土地，照在黑暗的世紀

當你淚盡時，你就仰天長嘯吧
不要作弱者的呻吟
每一滴眼淚是一首詩，一串鏗鏘的音符
寫在歷史的扉頁上，響在人們的耳畔

——一九六三、五、石牌

風雨旅人

且莫問我從何處來
莫問我走向何處
我的道路不屬此世
我的方向無人能知
我披着風，頂着雨
我要與風雨同去

此刻，風仍在吹着
雨仍在落着
我仍在不停地走着
走在風中，走在雨中

我要在風雨止後
跨上那天邊的彩虹

——一九六三、五、石牌

黃昏

一幕落下，一幕待啓
於是，你要為她別上一朵襟花
當采聲四起，向你歡呼
當那人黯然離去

而她正俯首沉思
愛情是喜劇？抑悲劇？
哦，她不知道
她是一個熱情而又矜持的女子
誰也不能在她的心中佔一位置
——你也不能

雖然她向你微笑過
也必將忘記你

看她的眼色茫然
總覺得失去了什麼
因此，她常生活在回憶中
且帶着微微的憂鬱

——一九六三、六、石牌

星星與花朵

星星望着花兒說：
來吧，到我這兒來吧！
你看這兒的天空多遼濶。

花兒回答星星說：
不，還是你來我這兒吧！
你可知道這兒的泥土多芬芳？

一天，星星夢見自己是朵花，
花兒夢見自己是星星。

——一九六三、六、石牌

遊子淚

浪跡天涯的遊子
風來　風裡去
雨來　雨裡去
是猛虎　也要向其迎擊
但當母親節的歌聲響起時
他卻獨坐一隅
像一頭受傷的獅子
黯然欲泣……

附記：母親節前夕，於一小吃店中，聽收音機播出紀念母親節歌聲而作。

——一九六五、五、八、花蓮

印象

風聲拂拂
激起陣陣漣漪
在我耳畔
在我心中

你是第一次流經我眼前的雲
吹過我耳畔的風
那時，我們彼此不識——
我未曾審視你的顏面
你也不悉有一少年
總是喜歡立在簷下聽風

去到湖畔看雲
——讀那一頁頁的神秘

現在，風過去，雲過去
而凡存在過的並未失去
衹是易位，衹是變形
衹是換了另一面具

而此刻，我在追尋
在瞻仰
你這識又不識
遠而又近的神
向拂拂吹過我耳畔的風
向茫茫的星空

忽覺我是一片被囚的雲

——一九六七、五、台中

一盒蘋果

一盒蘋果，兩噸的重量
自那小小的手中
跋涉千里而來
落在我的心上

落在我的心上
一盒蘋果，是滿天星光
在這晦暗的日子裏
我聽見了知更鳥的歌唱

附記：日前微恙，楊（雲峰）、黃（慧卿）二生來訪，並贈以蘋果一盒。蓋其年猶小，此蘋果乃平日積存之零用錢所購者也，情非尋常，感動不已，因草此詩誌之。

——一九六七、五、十一、台中

安魂曲

大地，我的母觀
我終於回來了
讓我再回到從前的搖籃裏
你就輕輕地搖我入夢吧

我好睏啊！母親
因我跋涉太多的路
我的脚已宣告罷工
現在就讓我躺在你的懷裏休息吧

我曾到處飄泊

沒有一處是我安息的地方
沒有一處是我真正的家
現在，我終於回來了，母親
我原是不能離開你的啊
我自你而出，仍將歸於你

——一九六七、六、台北

三叉路上

向左延伸　昨日
向右延伸　明日
中間的一條路是今日
在這三叉路口上
我常躑躅，不知何所適

昨日　鮮麗的色彩已灰黯
明日　遙遠得一片迷茫
而今日　今日
我欲哭……

在這三叉路上
我常夢著復活的昨日
而她來時，我在睡中
當我醒來，她已遠去
於是，我起來追逐明日
而她是雲縫中的陽光
若現又隱
我永遠被棄在今日的泥沼裏

在這三叉路上
我常自怨艾
忘記了我此刻站著的
正是一切的起點
昨日　從這裏延伸而去

明日　從這裏延伸而去
如果我能離開這裏
豈不就飛上了天
但我知道，我還沒有成仙
免不了站在這三叉路口的徬徨
現在，不論是杖也好，刺也好
我必須緊緊握著它
一步一步地走向前去

——一九六七、七、台中

死•不朽的神

常常讓自己死去
死了又復活
終於你也成了一座自塑的神
無感不覺

你曾是一片風，一粒火種
也曾狂熱，也曾燃燒過

於是，你把自己推翻
像把一座房子拆了又建
沒有人再認識你
除非在你的血管中找尋

你是那隱藏的河
已化而為萬頃碧波
在每一滴藍色的結晶中
可以找到你過去的黑白綠紅

你一無依戀
天地都自你的面前退去
當你縱身躍出那繭
火已成冰
在那千仞的冰山之上
你唱著：不朽的是神

是的，不朽的是神
當你經過了火，經過了冰

你仍未失去你的完整
你将發現：死並非不可愛
有一種生命，乃死所贈

——一九六七、七、台中

北回歸線上

立於此，乃有立於天外的感覺
昂首空際，看蒼穹幽邈
白雲漫遊而過

有風自四面擁至
紛紛投入我的胸懷
且問我所為何來

而我無語
祇覺身若憑虛御風
心中有萬頃波浪澎湃

驀地，彷彿一隻啼血的杜宇
在我耳畔頻頻呼喚
不如歸去！不如歸去

可是，我回歸何處呢
雖然我的心恆向北
身卻已根植在這南方的島上

附記：一九六七年七月杪，遊抵嘉義北回歸線標誌處，感而賦得此詩。

憂鬱・再見

憂鬱有一千隻眼睛
把一切看得太分明
終於什麼也看不清
祇見一團迷茫的霧
瀰漫在你狹谷似的心

憂鬱！憂鬱！你的名字是軟骨症
快去接受陽光的治療
向阿波羅點個火
驅走一室的陰霾
不再是白晝猶昏

再見吧！憂鬱
當你走向那青青的草原
你將看到春天依然在你身邊
不管明天是晴是雨
你的心中永遠是綠意盎然

——一九六七、十二、嘉義

早晨與黃昏

早晨與黃昏
鐘錶面上的長針與短針
描繪出你和我
以及我們的人生

在早晨
我們似露珠般的晶瑩
至黃昏
我們是碾碎了的灰塵

如果早晨不是一瞬

黃昏之後不是黑暗的陷阱
我們便無須逃避
也無須追尋

而此刻鞭策我們的長針與短針
逼著我們必須逃避，必須追尋
必須在一瞬的激流中
捕獲那璀璨的永恆

——一九六八、十一、台北

於是・開始追尋死亡

於是，開始追尋死亡
當活著成為一種苦役
當那銅山已然崩潰
一切價值竟成灰飛
在陰溝與陽光之間
誰是女神？誰是神女？
無人再去計較她們的差異
當你發覺善惡原是一對孿生兄弟
於是，你開始懷疑自己
像那鳳凰投身熊熊的火焰
你投身死亡

不再掙扎，不再自苦
但求明日復甦在另一個天地

——一九六八、十二、台北

混血兒

——致或人

這是一種藝術
揉合了藍與綠
一半魔鬼，一半天使
幻化出你無比的美姿

「藝術家是誰？」
我想一究完成你的始末
而你是如此孤絕
無人能了然你的本質
卽連你自己也茫然你的身世

「不需要解釋，」你說
「存在不是哲學。
　從太初到太空，
活着的狗總是勝過死了的獅子。」

於是，一席豪華的盛筵
在你的靈魂與嘴唇之間
溺死所有的星光
且傾滿杯生命的瓊漿
飲盡永恆於剎那

「舉世能值幾何？」
你半帶譏嘲半認真地說
「喏！不過這麼輕輕一彈

一切都將歸於塵埃
就像這煙灰。」

遺棄了過去，無視於將來
唯一能浮雕你的是現在
而他不過是一乖巧的藝匠
從你那似笑非笑的臉上
我看得出他斧鑿的痕跡
也讀出了你心靈深處的憂鬱

——一九六九、十二、台北

無頭獸

總是那匹無頭獸
一不經意就被闖了進來
看哪！那匹無頭獸
既盲且聾
卻有着敏銳的嗅覺
能嗅出地層下的春

哦，春
那蠢蠢欲動的細菌
常常會叫人生病
會引來無頭獸的蹂躪

如果你不曾設防
不曾嚴禁它的叛亂

而春從不接受禁令
它會假寐，會變形
卻永不改變它的本性
猶之那頑童的狡黠不馴
春，竟成了無頭獸的同路人

看哪！在那荒原上
施施然，走來一隻狼，一隻狽
忽地，不見狼，不見狽
但見一匹無頭獸
狺狺然地在狂吠

吠星，吠月
吠一切不知名的形象

而後，降臨
那死一般的寂靜
山也寒噤，水也無聲
但見那無頭獸
默默地，在追逐
一個自己也看不見的影子
最後，竟倒斃在那慘白的湖裏

背目，咧嘴
那死而不死的無頭獸
是什麼幽靈？什麼妖魔

不要呼喊，也會復活
且常打你的臉上、心上
疾風般地
　　恣意地走過

——一九七〇、三、台北

枕

釀夢的地方
由此進入黑甜鄉
當你自風中雨中歸來
帶著一身的疲憊與創傷
除了杜康，他也是你
解憂忘愁的良伴

有人枕流漱石
有人枕戈待旦
堪羡的是枕上鴛鴦
最怕的是枕冷衾寒

有人偶得如意枕
也不過是黃粱夢一場

——一九七〇、四、六、台北

悼

就此瓦解
當十二萬匹野馬衝向你
一座巍峨的城堡傾圮
於長久的經營
　長久的守望
　　長久的疲困之後

啊！瓦解
於一片蒼涼的空曠之上
痕跡屬於殘破
希望灰飛，生命不再
當洪荒重現

悲劇上演
　寂滅開始之時

「也好，就此瓦解算了！」
我聽見你在黯然低語
「讓塵歸於土，
　泡沫歸於水。」
你不是薛西弗斯
　是一則令人扼腕的故事

——一九七〇、五、台北

所以，我來了

所以，我來了
當你心中的靈犀在呼喚
我便乘著風的翅膀
悄悄來到了你的身畔

許是不堪思念的負荷
你的眼神滿含幽怨
當我驀然出現在你面前時
你又驚又嗔，更帶幾分欣歡
從此我們始悉何謂連理枝

你成了我，我成了你的一半
在這世界上，你我別無所求
但求我們擁有一個永恆的圓

縱然有時我們會分離
但不論離你近或遠
像月亮環繞地球
我將恆繞著你轉

——一九七〇、七、台北

海上遐思

在這喧騰的海上
我找不到自己的影子
我很迷茫
且破碎

有夢悠然而起
如一白鷗振翼
自那密密的蘆葦叢中
欲將失落的自己尋覓

啊！尋覓

我所尋覓的在何處？
明天，也許我會去到一個寧靜的湖濱
在那裏，我將沐浴三次
洗盡一切塵垢
澄明的湖中，有我的影子映立

——一九七〇、九、台北

人生的構圖

方形的時間
圓形的生命
曲線的生活
菱形的感情
就這樣加減乘除
構成奇妙的一生

——一九七一、一、台北

因爲有你在我的心上

塑你的像於我的心上
雖然你似夢，似遠天的霞光
當我走向你時
你便成了無盡的寶藏

赤貧如我，除了
一身不合時宜的衣裳
一雙歷盡滄桑的鞋子
並無可以炫人的家當

而你純良如天使

非但不嫌我寒傖
沒有擯棄我於千里之外
且給我無比的溫暖與希望

於是，我不再憚於跋涉萬水千山
去到任何荒僻冷寒的地方
我都不會覺得孤單
因為有你在我的心上

——一九七一、三、台北

新儒林外史

・卷一

自從有了第二天賦
懂得拾人牙慧後
他便不再是原來的他
儼然成了一暴發戶

・卷二

他裝飾了滿室的華麗
更仿製了許多面具
周旋於那人鬼之間
他比誰都更會演戲

・卷三

沒有人能讓他瞧在眼裏
當他踱著那鵝步
一腳踹住了別人的脖子
一面卻矜誇他的仁慈

·卷四
他沒有憾事
但恨不是金髮碧眼高鼻子
休問他根在何處
因他魂牽夢縈的已非故里

——一九七七、四、板橋

噴泉

為了否定宿命論
你極力向上奔
看你不斷地上去下來，下來又上去
我像看到了薛西弗斯的身影
縱然失敗
是你註定的命運
我卻十分欣賞
你這種與命運抗爭的精神

——一九七七、七、板橋

尋鞋記

夢中
發覺鞋子失竊
我赤著腳
到處找鞋

是誰偷了我的鞋去穿呢？
抑或有人惡作劇地把它藏了？
我逢人便問：看到我的鞋子沒有？
回答我的盡是一臉漠然

走在那被烈陽烤得發燙的路上

我的脚如被烙刑
踏著那些碎石、玻璃片……
滴滴鮮血，淌了一地

當我從一陣劇痛中醒來
發現自己躺在一處公園的石凳上
那雙跟著我跑了許多路的破鞋子
正野渡無人舟自橫地泊在一邊

夢中餘悸猶洶湧在心中
我趕緊把那雙鞋子穿上
可是，當我將它穿好了站起來時
卻又不知道我要走向何方

——一九七八、八、廿一、板橋

凹凸鏡

——童玩展覽會場速寫

時光倒流，
在這小小的會場裏；
許多人來到這陌生而又熟稔的世界，
見到了他們昔日的自己。

抽陀螺，跳房子；
　鐵線鳥兒、紙飛機；
　椰葉蝗蟲、江米人；
滿眼盡是趣味橫溢。

這邊，一位滿頭銀絲的老婦人，
竭力在讓一片竹葉變成小雞；
那邊，一臉風霜的男子，
却跌入了深沉的回憶。

「昔日的那些玩伴不知在何處？」
他似在喟然歎息：
「曾是玩泥玩沙的小手，
如今在玩什麼遊戲？」

——一九七九、四、八、板橋

心祭

——驚聞 父親辭世而作

三十年的睽違
多少思念的淚
正欣然於重逢有日
竟忽地晴天一聲雷

據說在您走之前
猶在倚閭望兒歸
我何嘗不想歸去啊
祇是我有翅難飛

雖然我無時或忘
您褓抱提攜的恩惠
而我不但未盡反哺心
弔臨都不曾，該是何等的罪

此刻，椎心泣血
豈能形容我的傷悲
我對您無盡的追慕啊
淼漫一若台灣海峽的水

附記：我自一九四九年離開家中來到台灣後，因時局突轉，即與與家人失去聯絡，直至一九八〇年，始獲自妹妹輾轉捎來的信中，得悉父母尚在（實則母親已先一年去世，妹恐我驟聞母喪不勝悲，故瞞之），我立即去信，並附上我在台之全家照片，父親看了，甚喜，以為我們不久即可見面。詎料未幾，即傳來父親謝世之噩耗，實慟甚！爰作此詩，以誌永念。

——一九八〇、十、廿七、板橋

遙祭母親

離家前夕的話別
是一幅永不褪色的畫面
當我輕啓回憶之窗
便歷歷展現在我的眼前

更有那昔日伴我夜讀的情景
不時複印在我的心田
天寒喚我加衣，病時殷殷的垂詢
猶依稀縈繞在我的耳邊

可是啊！母親，您現在那裏

我多麼想再一睹您的慈顏
如果能讓我承歡膝下
我願學老萊子一樣的表演

可是啊！當我得知您因思兒成疾
不待我歸去，便離開了這人間
我的心頓如撕裂了一般的痛楚
不知該如何向您訴說我的罪愆

——一九八〇、十、廿九、板橋

第二輯 海韻

潮落潮漲
你心中有著太多的思念
太多的寂寞　令你不寧
於是，你時而高歌
　　時而低吟
你歌吟著那不死的愛情
　　一幕永恆的悲劇

地圖

當鄉愁潮漲的時候
我常藉地圖來解愁
遊目處，那些山，那些河
就迤迤邐邐來到了我的案頭

這裏是我兒時生長的地方
那裏有我曾經登臨的古城樓
多少歲月逝去無蹤影
歷歷在目的竟是洞庭湖上秋

忽然，我眼前的地圖像一張魔毯

載着我做了一次故國遊
可是，那曾與我同遊的故人啊
我們何時方能重聚首

於是，我墜入沉思中，久久地
不禁一陣悲痛湧上心頭
淚眼矇矓中，我像看到了
那不停地向我揮動的手

一九八三、七、九、板橋初稿
一九九〇、四、三、修訂

不熄的火炬

——「古丁全集」讀後寄古丁

在葡萄園裏，我們曾經
一度並肩耕耘
那曇花般的日子
已經無從找尋
更令人神傷的是
再也見不到你的踪影

今夜，展讀你的全集
彷彿又聽到了你的聲音
多麼激越的「革命之歌」啊

「收穫季」後，「星的故事」何其深沉
而你左手揄出「截斷衆流」的大筆如椽
「餐桌上的談話」是如此娓娓動聽

你是詩壇的勇者
也是一個偉大的園丁
你悉心培植的一株丁香
芬芳已經天下聞
她的堅毅與恢弘
一若你曾有的精神

啊！古丁
你這千古不朽的人
是一把恆在燃著的火炬

不知照亮且溫暖了多少心靈
你那輝煌的生命啊
豈止是你的這些作品

附註：㈠我與古丁兄，初識於文協新詩研究班，後並一同執編「葡萄園」詩刊。唯未幾，我即他去，遠離詩壇，諸詩友間，亦鮮來往。他不幸逝世及其追悼會之消息，我都因未能及時與聞，不曾前往致祭，誠感憾甚。
㈡古丁一生之貢獻，不但是寫下了許多寶貴的詩篇、論文，且同其重要的是：他栽培了一位極其卓越的門生，即當今才華畢露，名聞遐邇的傑出女詩人涂靜怡小姐。而涂小姐亦不負師恩，現在竭盡心力，使「古丁全集」得以問世，亦足以慰古丁在天之靈矣。

——一九八三、七、廿五、板橋

小陽春

——五十初度

世界是如此平靜
鼓聲似有若無
回首煙霞爛縵
曾是黯然落淚處

一切是這樣美好
兵強馬壯糧足
天氣不冷不熱
正適合去趕未完的路

·小陽春·

跋山涉水尋常事，
嘗盡多少酸甜苦
如何面對不測的命運
也已經胸有成竹

百歲途中方逾半
一路楓紅菊黃禾黍熟
人生難得如此小陽春
豈可讓它等閒度

——一九八三、八、板橋

海韻

恆在夢中
夢著那已去的戀人
他已化而為蝶
不再依偎你的胸前
而你癡迷如許
日日夜夜　依然
不停地在呼喚
從那聲聲感傷的音調裏
我聽得出你無盡的哀怨
潮落潮漲
你心中有著太多的思念

太多的寂寞　令你不寧
於是，你時而高歌
　　時而低吟
你歌吟著那不死的愛情
　一幕永恆的悲劇

——一九八三、八、板橋

迷失的夢囈

夢季。躍自那繭
你，不再是你
回首，那蛇衣
已然成泥

風，猶在東西南北地吹著
吹著你繁花似的夢
向西？抑東
忽覺自己的夢太錯綜

於是，你頓然如罹絕症

所有的路都成了死胡同
這世界不再是海濶天空
你竟來到了一座怎麼走也走不出的迷宮

於是，你將自己交給戴奧尼斯
也不問明日酒醒何處
你喃喃囈語著：朽或不朽
誰也做不了誰的主

——一九八三、八、板橋

不凋的花

——為覃子豪師逝世二十週年紀念而作

您的聲音是不凋的花
依然綻放在人們心靈的深處
您的詩是不滅的星子
永遠閃爍在藍色的天宇

不凋的花曾經春風化雨
滋榮了多少奇葩綠樹
雖然我靦覥如昔
祇是迄無長進的小草一株

您熱愛海洋，胸襟一若海洋般
從未吝惜地付出
為中國的詩壇而播種
誰曾似您如此盡心竭力地投注

而您的詩，一如那瓶
渾然自在自如
您假寐了七千三百多個日子
將醒多少年於不可窮究的虛無（註）

您曾走過一段披荊斬棘的路
但您並不孤獨
且看今天踏着您足印而來的
正絡繹於途

當那古銅色的塑像立起
在您安息的山麓
在衆目擧起之際
您已然進入您所理想的歸宿

註：引自覃師「瓶之存在」中的句子。

——一九八三、十、板橋

殯儀館

一個只有白色花朵的地方
一切在這裡變得黯然
笑容止步在牆外
觸目盡是哀戚的臉

我們所愛的人要遠行了
現在來見最後的一面
有什麼言詞可以話別呢
千言萬語都化成了涕淚泫然
沒有習慣的手勢，沒有說再見

在這幽明交界的車站
一陣寒意襲來
當我們看著所愛的人漸行漸遠

有人拭著眼淚在默默地想
想著自己也有打這裡離去的一天
離去不一定可悲
祇怕沒有什麼留下來供人懷念

——一九八三、十一、板橋

秋水宜人

——賀「秋水詩刊」創刊十週年紀念

一泓清澈
內涵何其美
且看山和雲的投影
星月交映的光輝

在疲倦或渴時
啜一口這水
甘而不澀
令人欲醉

千般風景
萬種情味
多少人流連
在這水湄

當第十支燭光燃起
但見光芒璀璀
在邁向未來的歷史中
立一新的里程碑

——一九八三、十二、板橋

擠

就這樣成了一具機器
在鐘錶的支配下
過著千篇一律的生活
在起居室與辦公室之間
沒有一寸轉身的餘地

左邊擠你
以一疊疊的卷宗、作業簿
右邊擠你
以妻子兒女的需索、社會的責任
前面擠你，以這

後面擠你，以那
許多有形無形的都在擠你、擠你
一切擠得你幾乎要窒息

「為什麼不生在唐朝
在陶淵明的時代也好」
你常這樣喃喃自語
「靖節雖運蹇
尚可開荒南野際
悠然吟哦歸去來
我呢？我歸何處
置身一幢公寓的四樓
上不著天，下不著地
竟也有著當年聖赫勒拿島上的悒鬱」（註）

當你逃避無計
祇好讓自己成為機器
化所有的喜怒哀樂於忘情
忘記自己尚有此身
祇是偶而自夢中醒來
不禁喟然長息
「我不是機器啊
卻比機器更悲哀
機器沒有眼淚
我有眼淚哭不出來」

註：聖赫勒拿（St. Helena）南大西洋中的一小島，拿破崙於滑鐵盧之戰敗後，即囚居於此。

——一九八四、三、板橋

忠烈祠

這是另一種形式的英雄館
唯不朽的英烈能住在這裡
且常在佳節美日
接受人們的瞻仰敬禮

四周一片肅穆
拾級而上，如履聖地
仰首望去，並無巍巍然的偶像
相迎而至的是一股浩然之氣
縱已灰飛煙滅，那些逝去的風雲

碑立在此的，卻是永未消失的記憶
一如階前的龍柏蓊鬱長青
這裡的每一個名字依然在呼吸

遙想在那鐵與血交會時
我們的英雄捐出了自己的身體
但他們將永遠活著，不僅在此
且在人們的心中，直到無窮的世紀

——一九八四、三、廿九、板橋

孩童與粽子

捧在手上的粽子
欲啖未啖
眼睛却兀自望著
那一隻隻小鳥般
懸在竹竿上的
是否更可餐

雖然　這巳是尋常物
却在端午節這一天特別香
不吃粽子似無以盡歡
但不要忘了

嗚咽的汨羅江
更不要忘了　屈原

——一九八四、五、板橋

煉

曾經
因冷而冷
因熱而熱
因苦而苦
因樂而樂
因榮而榮
因辱而辱

而今
冷而不冷
熱而不熱
苦而不苦
樂而不樂

榮而不榮
辱而不辱

噢！當你經過那火
經過風雨淒其
已然參透一切
故能超然物外
不再心為形役
而是自己主宰

——一九八四、六、板橋

鐵軌與蝴蝶

釘死的雙腿
徒然無奈地望著遠方興歎
即使讓你跑
又能跑多遠

從過去到現在
就這麼一種姿勢
或許你也有走馬天涯的豪情
奈何一切由不得你

偶而，一隻蝴蝶飛來

打你身邊經過
那舞姿，說出了她的快樂
這時，你才發覺自己如此寂寞

蝴蝶脆弱如夢
卻擁有那無涯的天空
鋼鐵構成的你
竟似博物館裏那隻蒼鷹標本

——一九八四、八、十一、板橋

鹽田即景

也是一種討海人的生活
祇是不在海上，而在海邊
也像農人一般地耕耘
祇是耕耘的是一種不需播種的田

也並非不播種
而是種下去的一般人看不見
他們種的是一滴滴的汗水啊
換來那粒粒晶瑩的鹽

當他們築好了一方一方的田

便忙著引來海水進駐其間
這時，他們就像牽線的媒人般
最高興看到太陽跟海水熱戀

等海水慢慢懷孕
孕育出可愛的孩子白而鹹
人生不再乏味
有了鹽啊，就有希望無限

——一九八四、九、板橋

礦場一角

這裏並非傳說的那般地獄
不要以為有了災變就恐懼
其實，地獄不地獄
端看進去後能不能出

像去太空旅行般
更像到海底探險去
初次，許或有點緊張
久了，也就來去自如

入洞以後，就變成了土撥鼠

且向地層深處更深處
挖掘那一塊一塊的黑寶石
好給那些機器們當食物

進去，一片黑漆漆
出來，一臉黑呼呼
每一個打這裏進出的人都知道
「我不入地獄，誰入地獄」

——一九八四、十二、板橋

路的變奏

——上班途中有感

每天走在同一條路上
走在這路上的却非同一個人
昨天，他的心中一片陽光燦爛
今天，他的臉上却布滿烏雲

同一條路上走著不同的人
沒有人知道自己究竟在向何處走
誰也無法測定明天的風雨陰晴
原來我們脚下的路是一條最詭異的獸

那人正奔向滿懷希望的前途
突然，一輛超速的車撞了過來
他竟來不及向朋友揮手
就這樣匆匆地走了，一去不回

——一九八五、三、板橋

弔屈原

你就是那粒種子
兩千多年來，已蔚然而樹而林
我們雖非完全踏著你的脚印而來
却都欣然分享了你的餘蔭

高潔的靈魂如你
踽踽而行在那衆人皆醉的時分
滿懷離憂，訴與誰聽
唯悠悠江水是你的知音

你是那永不熄滅的火焰

多少昏君弄臣已成灰燼
而你的形象，你的詩啊
却長留天地間，讓人們歌吟

——一九八五、四、板橋

永恆的鈴鐺

鏗鏘如斯
你那清越的聲響
猶似怒放的花朶
散發著陣陣馨香
當人們打那長廊經過
輕啓記憶之窗
就會看到有一顆星
默默地在遠天閃亮

你是那河
曾經流在多少人的心上

讓種子萌芽
讓苗穗茁長
給乾渴的以滋潤
給疲乏的以希望
放眼那果實纍纍的枝柯
便隱隱聽到你在其中歌唱

三月已逝
四月也去遠方流浪
尷尬的五月送別春後
欣然而至的是六月新娘
豐饒的土地原是好客的人
每一季自有每一季的風光
時間在你的吐納中

必然響成永恆的鈴鐺

每一條路
都會引人去到一個地方
有的去海邊
有的去山上
多少人在你的光中行走
而你豈只是給人方向
在一聲聲的抑揚頓挫中
你是愛的丁寧，你是鎗

——一九八五、四、板橋

也是戰歌

——寒夜聞賣燒肉粽聲有感

市聲漸隱夜漸深
是誰打破了這四周的靜
『燒肉粽啊！燒肉粽啊！』
那聲聲顫抖的音符
在這寒氣逼人的夜裏
愈聽愈覺得好像在哭

不！他並非在哭
而是在唱著一首戰鬥進行曲

那聲音，竟將我的耳朵俘虜
由遠而近
近而又遠
忽然，我不再覺得冷

——一九八五、十二、板橋

錯置的角色

——給屠虎者

其實，屠虎並非自你始
武松、馮婦都是有名的打虎好漢
祇是不知他們將虎肉虎骨如何處置
曾否在大街上論斤計兩地去售販

真正要殺虎的人並不是你
這世界上絕非只有你最野蠻
如果沒有那些嗜血的老饕
難道你會以殺虎為好玩？

而問題是：牠現在被囚於籠中
瘦頓頹喪如病貓一般
對付那失卻反抗力的，勝亦不武
何況你又以牠作為牟利的手段

倘如那是一隻到處肆虐的猛虎
成了人們聞之而色變的禍患
你能奮力將牠剷除
衆人豈不將你視為英雄般地頌讚

——一九八六、一、板橋

早晨的公園

貪睡的大街還未醒來
這裏便已人影翩翩
當晨露猶在葉尖閃耀
朝陽升起之前

像赴約會一般
鐘塔上的時針剛指向五和六之間
人們就來到那些花前樹下
陸續地展開了一幅幅生動的畫面

這兒一羣人

正隨著音樂的旋律曼舞翩躚
那邊也是
練拳的練拳，舞劍的舞劍

每一個人來到這早晨的公園
臉上就像春花一般燦然
然後帶著滿心的愉悅歸去
開始度這美好的一天

——一九八六、三、板橋

巍峨

——致屈原

昔日，自沉於汨羅江的靈均
已然成為詩國的巨靈
你的詩魂，瀰漫六合
詮釋了何謂不朽的生命

你雖被逐於昏君
卻贏得千秋萬世的歡迎
你感歎於「世溷濁莫吾知」
如今　誰不傾慕你的令名
而你的名字啊

照耀了那夜色中的史乘
你的形象
已樹立為永恆的典型

一座恆在上騰的山
磅礴直逼蒼冥
你就如此在我們的仰望中
成了那巍峨的峯頂

——一九八六、四、板橋

博物館

恐龍時代早已潮退
但見牠的形象猶在
且看遠古近代的履痕
聯袂來此聚會

一截斜倚在那角落的紅檜
說出歲月的輪子如何輾過那些朝代
一件件先民們的遺物
告訴我們如何從那草昧中跋涉過來
在那古樸的銅器陶器上

猶見那已過時代的光輝
從那飛舞的字，栩栩然的畫上
方知有一種生命並非時間能摧毀

走在這裏，彷彿漫步在時光隧道中
目睹了曩昔的風景，暗忖著未來
也許你在想：我們今天所有的
千百年後，有多少還在？

——一九八六、八、板橋

時光劫

——暮秋過荷池有感

一季芳華杳然
滿目淒清如許
獨留那美好回憶
兀自亭亭在心之深處

浮雲一般的生命
來去皆虛無
絢爛也罷，平淡也罷
最後都步入同一條歸途

昨日的耀眼多姿
已成天涯斷路
美景難與秋風敵
而今只見花殘葉枯

睹及這場時光劫
乃覺所謂青春　幸福
不過如此荷池
　如那荷花　竟一一離去

——一九八六、八、板橋

植物園的鳥說

一天，我很寂寞
便去植物園裡坐
坐著，坐著
不覺忘了我

忽然，聽見一隻鳥兒說
「那人不知在做什麼
　看他孤獨的樣子
　似乎很落魄」

「不！」一隻鳥兒在反駁

「我倒看他很快樂
許多人栖栖皇皇地在追東逐西
他卻悠然地在此閒坐」
「是呀！」另一隻鳥兒在附和
「他如此閒雲野鶴般地生活
遠離了那些喧囂擾攘
一定不知道什麼是寂寞」

——一九八七、三、板橋初稿
一九九〇、四、二、修訂

遙望汨羅江

小家碧玉的你
原來徜徉在一個鮮為人知的地方
打屈子投入你懷中那天起
你的名字便因他而發光

何其有幸，你竟
成了詩人永恆的夢鄉
你的槳聲　波影
從此化作千古絕唱
我雖不曾與你謀面

卻常心馳神往
我多麼想循三閭大夫的足跡
去到你身傍探訪

祇是如今啊如今
悵然西望徒自傷
尤其當此蒲月
處處粽香……

——一九八七、五、板橋

達爾文的信徒

曾經，他對達爾文吐口水
痛斥那誣衊人性的進化論
他振振有詞地辯駁著
獸是獸，人是人

後來，他做了基督徒
他相信人與神的關係最近
不但人是根據神的形象而造
且將成為彰顯神榮耀的器皿

而現在，當他每天自報紙電視上

看到那些不忍卒睹的新聞
　兒子毆辱父母如仇敵
　父親姦污了女兒，復推之入火坑
更有那把人殺了且裂屍的惡行
這一切與禽獸有什麼區分
於是，他不禁喟然嘆息
「唉！我服了你，達爾文」

——一九八七、七、十二、板橋

荒謬英雄

——給飆車族

忘記了從那裏來
也不知該往那裏去
夸父的英靈依稀
在你年輕的心裏鼓舞

舞著　疾駛的輪子
一若無羈的飛駒
飛馳呀　是如此過癮
可曾想到　下一站何處

也許是　斷腿殘臂
也許是　陰曹地府
就這樣　以瞬間的快感
換來自己與親人無盡的悲苦

縱或僥倖自死神的手中逃脫
贏得一陣英雄式的歡呼
而這種唐吉訶德似的英雄
不過是荒謬加虛無

——一九八七、九、板橋

門

當你跨出門外
便會見到一條道路向你奔來
來迎你前去
上山，或泛海

當你浪遊歸來
便有一道門為你打開
如那張開的手臂
等著擁你入懷

你曾經過多少門

一道門進出了多少回
你知道那一種門最難進
那一種門進去了便出不來

門內門外，兩個不同的世界
你要藏身門內，抑或奔向門外
門內有門內溫暖的享受
門外有門外風光的可愛

——一九八七、十二、板橋

日子

日子
蝴蝶一般地飛來飛去
飛來一隻彩色的
飛走一隻白色的
我想捕捉它們，卻怎麼也捉不住

那蝴蝶，一隻一隻地飛去
而我依然躑躅於此
當所有的蝴蝶飛去時
我便進入一個寂寞的冬季
那時，我也將如蝴蝶一般而去

飛來的蝴蝶漸漸少了
飛走的竟是那麼急
望著那些一去而不復返的蝴蝶啊
我只有默默地，默默地
嚼著它們留下的回憶

——一九八七、十二、板橋

林場行

步入這如海的樹叢
就像步入一座綠色的王宮
祇覺滿眼驚奇
不識南北西東

這裏的陽光似乎很害羞
但見遍地樹影朦朧
那森然羅列的御林軍
正等你來檢閱他們的陣容

在這美麗的王宮裏

使人忘却了塵俗的辱寵
諦聽鳥語蟲鳴
恍若置身夢中

走出這如海的樹叢
頓感浴後的舒暢輕鬆
但願在我們的心中
永保那片蓊鬱葱蘢

——一九八八、三、板橋

路

世上的路無數
我走的却是一條山間小路
總是那麼逼仄
　那麼不敢恣意馳騁的拘束

也曾有過花香撲鼻
却是曇花一般短促
偶爾也風和日麗過
更多的時候　則是陰霾四布

一路戰戰兢兢

唯恐稍一不慎會失足
環顧四周　人跡杳然
與我同在的只有孤獨

孤獨地走着這荒山野路
我沒有躊躇，也不論有無險阻
祇朝著一個方向前進
絕不在中途停步

——一九八八、四、板橋

墓誌銘

一個流浪者的墓誌銘：
這是世界上最美好的地方
沒有噪音擾人
沒有空氣污染
戰爭到此止步
重擔於馬釋放
我一來到這裡就不想走了
這裡才是我永恆的故鄉

——一九八八、五、廿六、板橋

夢返洞庭

午夜夢醒
醒在心繫魂繞的洞庭
庭前竹影依依
依稀是洞庭湖中的帆影

千帆雲集
集萬千氣象於此一盆景
景中之景　在水中央的君山
山外是一望引人遐思的空明
隱隱傳來漁歌互答聲

聲聲牽引著遊子的心情
情歸何處　且往岳陽樓上登
登樓遠眺　別是一番風景

回首那年離別時
時隔卅年　兩鬢已星星
星光灼得我好痛
痛得我竟自午夜的夢中驚醒

——一九八八、六、板橋

失去武器的戰士

我不知道自己是怎麼死的
但知我一定死了很久
當我不再寫詩
便是我死了的時候

「寫詩是要嘔心瀝血的啊！
不寫詩，就不會那麼難受。」
可是，這世界上有誰不痛苦
除非是草木或石頭

人生本來多愁苦

百歲常懷千歲憂
詩是征服憂愁的唯一武器
不寫詩，便無異坐以待斃的死囚

曾經以詩為矛為戟
擲向那進逼我的悲愁
而今，一個失去了武器的戰士
陷身於重重的煩憂中，何以自救

——一九八八、十二、板橋

命運的主人

那敢於向一切權威挑戰的人
曾豪情萬丈地說
「我要做自己命運的主人！」

而現在，當他一坐上汽車或飛機
卻不禁默默地對著司機或機長說
「我的命運全交給了你。」

——一九八八、十二、板橋

垃圾

所有的垃圾
都曾是人
夢寐以求的寶貝

所有的寶貝
都將變為
棄如敝屣的垃圾

——一九八八、十二、板橋

月台

朝氣蓬勃的　來過
老態龍鍾的　來過
滿面春風的　來過
神情落寞的　來過
你將所有悲歡離合的故事
都收藏在你那記憶的角落

當我回顧自己的半生
多少歡樂　逝矣
多少憧憬　渺矣
多少壯志　已矣

啊！在這暮色將至的時分
人生不過是一月台而已

——一九八八、十二、板橋

晚鐘

你就這樣嬝娜地升起
如縷縷輕煙
在一飽經蹂躪的心靈前
迤邐而出
一幅悠然見南山的畫面

當金烏歸去
就是你我約會的時間
陶醉於你的軟語溫存
讓我忘却了
這人間的喧闐

在你的引領下
我常神遊於一無塵染的天地
但見你凌波微步處
化成蓮花朶朶
在一朶白色的蓮花中
驚見一個幾已陌生的我

——一九八九、三、板橋

山的故事

那
凸起
於地球
表皮上表
偌大的疙瘩
在默默地沉思
有如參禪的老僧
忘卻了自己的存在
任人攀爬踐踏復挖掘
讓無數歲月的輪子輾過
縱使狂風暴雨來吼他激他

最强烈的六級大地震來搖撼
仍一動也不動地安然坐著的山
據說是在起初天地剛造成時
就存心來搗亂而到處橫行
認為自己可以稱霸天下
不料後來觸怒了上帝
便以雷霆萬鈞之力
且傾漫天的烈火
鏖戰了數回合
終於被擊倒
而葬身於
此地的
一龍
塜

——一九八九、五、板橋

鳥瞰

一

飛鳥
翱翔於
浩浩長空
於一切之上
所有的動植物
所有的崇山峻嶺
所有的江河與海洋
所有高聳入雲的大廈
所有嘯傲江湖的英雄們
所有稱霸四方的武林高手

所有不可一世的暴君與偉人
以及那些難解難分的恩恩怨怨
那些可憎和可愛的事事物物
那些令人為之迷惑的網羅
那些曾經極力追逐過的
那些色彩繽紛的花朵
那些熱烈憧憬的夢
那些世間的種種
現在都遠遠地
看來不過是
像微塵般
俱匍匐
於其
下

——一九八九、六、板橋

盲者之歌

當罪惡與恥辱橫行時，沉睡是甜蜜的，但身爲頑石更幸福。

——米開朗基羅

當你不能成為頑石時
你便成了盲者
任一切色彩氾濫
你則面對眼前的一片黑
　守著心中的一點白

無形之形，無色之色
這是一個渾沌的世界
渾沌中，但見一切

翩飛翩舞，爭奇鬥妍
　好一幅光怪陸離的畫面

烏鴉　鳳凰
蝴蝶　蜣螂
這一切都打你面前而過
而你是一盲者，視而不見
　沒有什麼能侵據你的心田

你的眼睛凝注於另一個世界
那兒是域外，一個種植夢的地方
無視於太陽炫目的光芒
唯聞那千年不老的夢在呼喚
　呼喚你作鵬飛之遐想

不分晝與夜
夢在你眼前繁花般怒放
但無蜂蝶的紛擾
也不聞鴉雀的聒噪
　因此你說：盲而且聾，幸福雙重

逍遙於苦海之外的獨行者
世界於你不過是陌路人
當你觸及自己嶙峋的影子時
始覺你已來到一孤寂的峰頂
　伸手便是那盈盈堪握的星辰

——一九八九、六、板橋

三代記

青年

一條河
打那山麓奔來
不知道什麼是岸

中年

走在秋天的田野上
乍看　金黃耀眼
再看　一片茫然

老年

還有什麼可說的呢
一截倒吃的甘蔗

愈來愈短

——一九八九、六、板橋

漁港晚眺

追隨太陽走過的脚蹤
伴著猶在詠歎的海濤
一艘一艘的船兒遠了
衹見點點漁火相照

換了一襲黑裙子的海洋
看來神秘若夢，嫵媚而嬌姚
許是魚兒們眩惑於她的魅力
紛紛來在海面上手舞足蹈

漁夫們看見那些魚兒不禁笑了

便一網一網地將牠們往船上撈
祇要魚兒們肯來
便無畏天黑浪高

奮鬥了一夜的漁夫們
在晨光熹微中返棹
滿載而歸的不僅是那些戰利品
也帶來一家人的希望與歡笑

——一九八九、八、十二、板橋

農莊素描

兩面綠樹一面竹
一座三合式的房屋在中間
前方不遠的布景是
一片禾浪滾滾的稻田

屋後有小溪蜿蜒而過
遠處，一抹青山橫臥在天邊
樹蔭竹林下
時見小鳥與家禽共遊的畫面

沒有噪音擾人

不見空氣污染
與太陽同步而作息
依然保持著傳統的習慣

當收穫季節來臨時
所有耕種的辛勞都變成甘甜
這裏不是世外桃源
人們卻生活得如此悠然

——一九八九、八、板橋

寂寞黃昏時

奔波了一天的太陽
這時，疲倦地依偎在山傍
田野的蟲兒
伴著晚風在輕唱

那少女走出了林間的小屋
漫步在一條幽靜的小徑上
天邊露出一鈎新月
她默默地望著那月兒在遐想
後來，她向著另一條路上走去

前面有一方小小的池塘
暗綠色的水面繪著一彎眉月
那少女的影子倒映在水中央

忽然「咚！」的一聲
她拾起一顆小石子擲向池塘
那月影被驚嚇得不停地在抖動
她發現自己像在池中舞蹈一樣

——一九八九、八、板橋

生前身後

——給一位老詩人

如果是別人
早就收拾行囊
準備回家休息了
而你永遠像孩童般
始終繞著那棵樹
走著唱著
一心只想拾得那樹上的果子
不曾注意暮色已至
且看與你同時出發的那人

早已腰纏萬貫
坐在那裏極吃喝能事之享受
他不悉何謂朽與不朽
而你則愈來愈瘦
阮囊羞澀得什麼也沒有
除了詩篇數卷
一個看不見的身後

——一九八九、九、板橋

都市一瞥

天空愈來愈瘦
瘦得就像那條臭水溝
陽光不再在此揮灑自如
看星看月已成難得的享受

擧目望去
但見樓外有樓
無盡的車陣人潮
洶湧在神經錯亂的街頭

在這鋼筋水泥的森林裏

不僅是天空變得瘦而醜
在那些牛鬼蛇鼠出沒處
更成了罪惡的淵藪

面對這萬花筒似的世界
你許或眩於她的諸般引誘
祇是一如那巴比倫之妖嬈迷人
她並非你心愛的妻子，豈能長廝守

——一九八九、十、廿四、板橋

獵人

那獵人
不只獵樹上的鳥，洞裏的兎
　草原上的羊，山中的猛獸
萬物之靈的人，也是他喜愛的獵物

你不悉他在那裏
到處都是他藏匿之處
有人中了他的箭，猶在極力掙扎
有的不聲不響，就被他擄獲而去

無人能逃過他的手

不論你是貴賤貧富
而他似乎偏愛天才與紅顏
常在那奇葩剛綻放時就摘取

一切悲劇的導演者
他的特徵是冷酷
當你一旦與他狹路相逢時
如何能不被他征服

——一九八九、十一、板橋

絕緣體

他是寂寞的信徒
（他最大的財產是孤獨）
對於那些穿金戴玉
喜歡搔首弄姿者
他都不屑一顧
他的眼睛永遠在遠方踱蹀
尋找那盪漾於
他靈魂深處的波影
一個了無煙塵
讓他心醉的夢境

・絕緣體・

久久地，他像失群的孤鴻
時而翱翔在一片沸騰的海上
時而遊走在那冰封的野地
他成了一種絕緣體
對這世界始終
若卽　還離

他是一個非異端的異端
沒有敵人，亦無友人
世界在他心中，他在世界上
都近似零
他唯一的慰藉是
自己踽踽獨行的跫音

看哪！一個寂寞的信徒
竟日嗜飲寂寞如酒
有人說他落落不群
直像那兀立崖岸的石頭
硬而多稜

——一九八九、十一、板橋

命運

昨天，那人猶在群衆大會上
振臂高呼
「命運掌握在我們的手中……」

此刻，却不知他在何處
當那載着他的飛機
轟然一聲　墜落到了太平洋裏

——一九八九、十一、十六、板橋

歲月

你是長江的水，海中的浪
浪淘盡多少人間興亡
亡人無以為寶
寶貝的是那一線希望

望前看，一片蒼茫
茫茫大海中，如何掌穩航向
向後看，一片黯然
然則，我豈能就此投降
降也罷，戰也罷，我都必須堅強

强者縱然被打敗，絕不沮喪
喪我者，除了你，更無其他
他日，我若能，我的影子必與你等長

長久地，你橫行於一切之上
上帝竟也默許你的勾當
當一切在你的手中被摧殘
殘酷的你啊！為何總如此令人感傷

——一九九〇、一、廿一、板橋

天河

一個逃家的浪子
一匹脫韁的野馬
不停地夢著　追尋著
到了一個名叫天空的地方
是誰施展法術，使他忽然
像貼紙一般
黏在那面弧形的石壁上
恁地掙扎也無計脫身

他又悔又急
常在夜深人靜時
滿臉淚痕，向大地

訴說他的思念與悔意

——一九九〇、二、十六、板橋

極

已經走入死巷
教你止步的那面牆
正冷冷地注視著你
看你何去何往

你不承認這是終站
但是，除了你的心猶欲逃亡
你的手，你的脚
都已開始投降

昔日的豪情萬丈

而今成了寸寸愁腸
天馬行空的你
奈何也來到這令人氣短的路上

但你毋須懊喪，更不要悲傷
任何樂曲都有最後的一章
唯問你在譜下那休止符後
是否讓人猶覺有餘音繞梁

——一九九〇、二、廿一、板橋

泡沫

一天，我循著孔子的脚蹤
漫步在一條大河邊
看到那不舍晝夜以去的流水
驚訝於一羣泡沫的翻騰喧鬧

那些嘰哩咕嚕的小泡沫
在爭論著誰長誰短
忽然一個大泡沫跑過來
咄咄逼人地說：你們站遠一點

這時，祇見岸邊的那塊岩石

一語不發地在冷眼旁觀
但我似乎聽見他在說
不一會兒，他們都會消失得不見

倏起倏滅的，是那些擾攘的泡沫
水流如恆並未變
在這歷史的長河裏，像泡沫般的
你我有什麼好爭辯

——一九九〇、二、廿二、板橋

路與樹

無數的車走過，人走過
不曾有誰關心過
唯你來到我的身邊後
便一往情深地不肯離開我

我何嘗對你貢獻過什麼
你卻給我如此多——
給我以遮擋烈日的庇蔭
給我以晚風下的輕歌

我常默默地想

如果你是鳥，我是河
我奔向海洋，你翱翔空中
我們會像現在這樣親密麼

你原可以在山上，在公園裏
在任何地方都比在我身邊快樂
而你竟願與我廝守在一起
可是為了分擔我的煩憂與寂寞

——一九九〇、二、廿三、板橋

獨坐

一四分休止符
退潮的海灘
禿了的梧桐
冷卻的火山

不是參禪
而是在築一座祭壇
且把自己默默獻上
欲與昨日的我作一了斷
棄絕了那些喧囂

・獨坐・

但求一隅恬澹
極目望去
竟是如此天闊地寬

當夜色寖尋
遂將心燈點燃
火山縱已冷卻
猶有巉巖不畏風露寒

——一九九〇、三、廿九、板橋